Christian Wicke

# Entwicklung eines Kontaktmanagers

GRIN Verlag

**Bibliografische Information der Deutschen Nationalbibliothek:**

Die Deutsche Bibliothek verzeichnet diese Publikation in der Deutschen National-
bibliografie; detaillierte bibliografische Daten sind im Internet über http://dnb.d-
nb.de/ abrufbar.

**Impressum:**

Copyright © 2006 GRIN Verlag, Open Publishing GmbH
Druck und Bindung: Books on Demand GmbH, Norderstedt Germany
ISBN: 978-3-640-74136-6

**Dieses Buch bei GRIN:**

http://www.grin.com/de/e-book/160642/entwicklung-eines-kontaktmanagers

**BERUFSAKADEMIE**
**KARLSRUHE**
University of Cooperative Education

**Studienbereich Wirtschaft**

**Studiengang Wirtschaftsinformatik**


**Entwicklung eines Kontaktmanagers**

**3. Praxisarbeit**

Im Rahmen der Prüfung zum Wirtschaftsinformatikassistenten (BA)


vorgelegt von


**Christian Wicke**

# Inhaltsverzeichnis

# 1. Einleitung

Inhalt dieser Praxisarbeit ist die Entwicklung einer Software, für die Verwaltung von ausführlichen Kontaktdaten. Sie soll unter anderem zu dem ERP-System Replan 2000 der Alphadat EDV Service GmbH kompatibel sein.

Ausschlaggebend für die Entwicklung des Kontaktmanagers, war die Landtagswahl 2005 in Baden- Württemberg. Die Fraktion der FDP fragte bei der Firma Alphadat an, ob es möglich sei eine Kontaktverwaltungssoftware für die bessere Verarbeitung ihrer potentiellen Wähler zu entwickeln. Es sollte möglich sein mit der Software die Wähler in verschiedene Klassifikationen einzuteilen, zum Beispiel „Erstwähler" oder „Stammwähler". Je nach Zuordnung soll dann das Erstellen eines seriendruckähnlichen Briefes ermöglicht werden und gleichzeitig sollte ein Etikettendrucksystem für die Briefumschläge enthalten sein.

Da die Entwicklung für eine einzelne Institution zu teuer wäre wurden Firmenintern noch weitere Anforderungen festgelegt, welche den individuellen Vertrieb der Software ermöglichen und so den Einzelverkaufspreis senken können. Die genauen Anforderungen an das Programm sind im folgenden Abschnitt aufgeführt.

# 2. Anforderungen

Das Programm soll eigenständig sowie als Modul von Replan 2000 eingesetzt werden können. Es soll möglich sein alle wichtigen Stammdaten, wie Name, Vorname usw., auf einer Eingabemaske eingeben zu können und dabei noch gleichzeitig ein Bild zu der jeweiligen Adresse abzuspeichern. Des Weiteren sollen die Daten zu vorher festgelegten Profilen abgespeichert werden und es muss möglich sein in einen Textfeld weitere Notizen zu der jeweiligen Adresse zu sichern.

Innerhalb dieser Erfassungsmaske soll der Grossteil der zur Verfügung stehenden Funktionen aufrufbar sein. Mit einzelnen Buttons soll es möglich sein, ein Word Dokument zu erstellen, eine Email zu verfassen, durch die Windows eigene Wählhilfe die jeweilige Nummer zu wählen, für die Adresse ein separaten Ordner zu erstellen/öffnen und die Adressdaten zu drucken.

Als Suchseite soll ein anderes Formular dienen, bei dem es möglich sein soll die Daten nach allen möglichen Suchbegriffen zu finden. Zudem muss ermöglicht werden, dass per Doppelklick auf ein Datum der zugehörige Datensatz geöffnet wird und dann bearbeitet werden kann. Mit Hilfe der Suchmaske sollen die Daten per Excel exportiert bzw. importiert werden können. Ebenso ist in dem Suchformular die Option des Etikettendrucks unterzubringen.

In einem weiteren Formular, welches als Menüleiste gestaltet werden soll, ist es zu ermöglichen neue Tabellen zu erstellen und diese auch auszuwählen und zu bearbeiten. Aus dem Hauptformular sollen alle anderen Formulare per Button aufzurufen sein.

# 3. Realisierung des Programms

## 3.1. Programmierwerkzeuge

Als Programmumgebung wird Windows 2000 bzw. XP, sowie Office 2000 und höher bzw. die Microsoft Access Runtime vorausgesetzt. Die Software wird mit Hilfe von Microsoft Access 2000 und dem zugehörigen VBA Code programmiert. Das Setup wird mit Microsoft Visual Studio 2003 .Net erstellt.

## 3.2. Das Tabellenmodell

Wie bereits in den beiden vorangegangenen Punkten erwähnt soll das Programm zu Replan 2000 kompatibel sein. Dadurch, dass in diesem ERP – System bereits eine Kundendatentabelle vorhanden ist, wird diese zugleich als Haupttabelle für den Kontaktmanager genutzt. In ihr werden sämtlich relevante Daten gespeichert.

| AutoIndex | HAUSNUMMER |
|---|---|
| NUMMER | HZUSATZ |
| TITEL | PLZ |
| ANREDE | ORT |
| FNAME | ORTSTEIL |
| VORNAME | LAND |
| ZUSATZ | DATEN1 |
| TELEFON | DATEN2 |
| TELEFAX | DATUM1 |
| HANDY | DATUM2 |
| EMAIL | BILDDATEI |
| STRASSE | WEBSEITE |
| KATEGORIEN | NOTIZEN |
| ABOS | CHARGE |

Abbildung 1: Haupttabelle

Als zweite Tabelle ist die Profiltabelle vorhanden. Sie besteht aus einer Spalte, den Profilnamen.

Die Haupttabelle ist als Vorlage hinterlegt und wird bei dem ersten Start als tbl_Kontakte in die Datenbank.mdb kopiert und gleichzeitig wieder in die Kontaktmanager.mdb verknüpft, so dass durch eventuell spätere Updates keine Daten verloren gehen können.

## 3.3. Die Formulargestaltung

### 3.3.1. Die Menüleiste

Das Formular welches als Menü wirken soll, wird ohne Rand und ohne Fenstersymbolleiste dargestellt. Auf dem Menü werden fünf Buttons angezeigt: Adress-Liste (öffnet das Suchformular), Profile (öffnet das Profilformular), Kontakte bearbeiten (öffnet das Erfassungsformular), neue Tabelle anlegen (öffnet das Anfügeformular) und der Beenden Button welcher mit einem Symbol dargestellt ist. Außerdem enthält die Maske die große Aufschrift „Alphadat Kontaktmanager" sowie ein Kombinationsfeld zur Auswahl der zu bearbeitenden Tabelle.

*Abbildung 2: Menüleiste*

### 3.3.2. Das Suchformular

Das Suchformular ist in einen Formularkopf und einen Hauptteil eingeteilt. In dem Kopf befinden sich alle Felder für die Sucheingabe sowie die einzelnen Such- und Optionsbuttons und die Spaltenbezeichnungen. Durch die Buttons Suchen und neue Suche wird der Filter für die Daten gesetzt bzw. wieder aufgehoben. Mit dem Button Etiketten wird ein Bericht gestartet, welcher alle aktuell angezeigten Daten als Adressetiketten darstellt. Mit Exportieren und Importieren nach und von Excel wird eine Funktion aufgerufen, welche unter dem Abschnitt Programmiercode näher erläutert wird. Genau wie die Menüleiste enthält auch das Suchformular einen Beenden Button, nur das dieser lediglich das Formular schließt und nicht das gesamte Programm beendet. In dem Hauptteil des Formulars werden alle Daten angezeigt, die dem aktuellen Filter entsprechen, per Doppelklick ist es möglich die gewählten Daten anzuzeigen und zu bearbeiten.

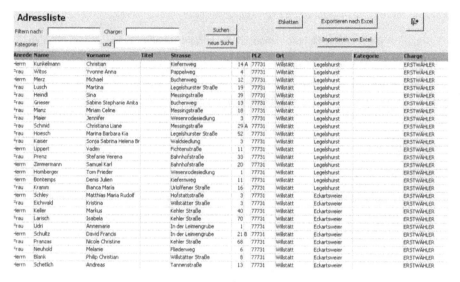

Abbildung 3: Suchformular

### 3.3.3. Das Datenerfassungsformular

Genau wie im Suchformular auch ist das Erfassungsformular wieder in zwei Teile untergliedert, den Formularkopf mit allen Buttons und ein Kombinationsfeld, welches es ermöglicht den zu öffnenden Datensatz zu wählen, und dem Hauptteil des Formulars. Die einzelnen Buttons enthalten Befehle zum Email versenden, zum Öffnen des zum Datensatz gehörenden Ordners, zum Drucken des aktuellen Datensatzes, zum Erstellen eines neuen Datensatzes, zum Öffnen eines Worddokumentes, zum Start der automatischen Wählhilfe, zum Aktualisieren des Formulars und zum Beenden des Formulars.

Das Hauptformular ist mit Hilfe von Registern in drei unterschiedliche Gruppen eingeteilt: den allgemeinen Kontaktdaten, den weiteren Daten und den Notizen. Das Besondere an der ersten Registerkarte ist, dass auf der rechten Seite automatisch das zum Datensatz gehörende Bild angezeigt wird. Auf der ersten Karte ist es auch möglich gleich den Betreff für eine eventuell zu verschickende Email anzugeben, so dass nach dem öffnen von Outlook bzw. Outlook Express der Betreff nicht noch einmal zusätzlich eingegeben werden muss. Damit man die automatische Wählhilfe benutzen kann, muss der Cursor immer in dem Feld sein, in welchem sich auch die zu wählende Nummer befindet.

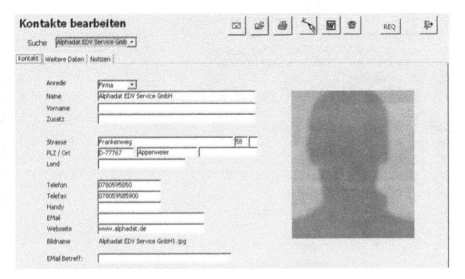

*Abbildung 4: Erfassungsformular*

### 3.3.4. Die restlichen Formulare

Bei den zwei restlichen Formularen handelt es sich zum Einen um das Profilformular, welches lediglich alle verfügbaren Profile anzeigt und das hinzufügen neuer Profile ermöglicht.

Das zweite Formular ermöglicht das Erstellen und Einbinden einer neuen Tabelle. Hierfür muss man einfach einen Namen eingeben und mit einem Klick auf den Button wird die Tabelle kopiert und automatisch wieder in die aktuelle MDE verknüpft.

### 4. Der Programmcode

### 4.1. Das Einfügen neuer Tabellen

Um die Sicherheit der Daten bei einem Update zu gewährleisten, werden alle Tabellen in der Dantenbank.mdb gespeichert. Dies macht es erforderlich bei dem erstellen einer neuen Tabelle diese erst mit Hilfe des SQL Befehls: *SELECT tbl999_Vorlage.\* INTO " & "tbl_" & Me![nameneu] & " IN 'C:\alphadat\Kontaktmanager\Datenbank.mdb'FROM tbl999_Vorlage;* von der Vorlage in eine aktive Tabelle zu kopieren. Danach wird die Tabelle mit dem Modul „LinkedTableAll" (von Thomas Kessler [1]) wieder in die Kontaktmanager.mde verknüpft. Die Namensgebung „tbl_" ist notwendig, damit im Menüformular nur Datentabellen angezeigt werden und nicht die kompletten Systemtabellen. Es wird auch dort nach Wörtern gefiltert welche mit „tbl_" beginnen.

```
Dim NAME As String

NAME = Me.nameneu

strsql = "SELECT tbl999_Vorlage.* INTO  " & "tbl_" & Me![nameneu] & " IN
'C:\alphadat\Kontaktmanager\Datenbank.mdb'FROM tbl999_Vorlage;"

CurrentDb.Execute strsql

LinkedTableAll "c:\alphadat\Kontaktmanager\Datenbank.mdb", "tbl_" & Me.nameneu, "tbld_" & Me.nameneu


MsgBox ("Tabelle erfolgreich eingebunden")
DoCmd.Close acForm, "frm102_suchform"
DoCmd.Close acForm, "frm100_menu"
DoCmd.OpenForm "frm100_menu"
DoCmd.Close acForm, "frm104_tablelink"
```

*Code welcher beim Klick auf „Tabelle einfügen" ausgeführt wird.*

## 4.2. Öffnen und Erstellen eines Dateiordners

Zu jedem Datensatz soll es möglich sein einen separaten Dateiordner anzulegen, in dem alle wichtigen Dokumente zu diesen Daten gesammelt werden können. Der Kontaktmanager hat den festen Standardpfad „C:\alphadat\Kontaktmanager\details". Mit Hilfe eines Klicks soll nun in dem Ordner „details" ein Ordner erstellt werden, welcher aus dem Namen gebildet wird. Gleichzeitig werden alle darin enthaltenen Sonderzeichen zu „-" umgewandelt und Umlaute z.B. von ä zu ae. Falls der Pfad schon besteht, so wird er lediglich geöffnet.

```
Dim fs
    Dim strAppName As String
    Dim strPfad As String
    Dim strTemp As String

    Set fs = CreateObject("Scripting.FileSystemObject")

    strAppName = "explorer.exe"
    strPfad = "c:\alphadat\Kontaktmanager\details"

    If Not IsNull(Me!FName) Then

        strTemp = ReplaceStr(Me!FName, ",", "-", vbTextCompare)
        strTemp = ReplaceStr(strTemp, ";", "-", vbTextCompare)
        strTemp = ReplaceStr(strTemp, ".", "-", vbTextCompare)
        strTemp = ReplaceStr(strTemp, ":", "-", vbTextCompare)
        strTemp = ReplaceStr(strTemp, "+", "-", vbTextCompare)
        strTemp = ReplaceStr(strTemp, "/", "-", vbTextCompare)
```

```
strTemp = ReplaceStr(strTemp, "&", "-und-", vbTextCompare)

strTemp = ReplaceStr(strTemp, "ö", "oe", vbTextCompare)
strTemp = ReplaceStr(strTemp, "ü", "ue", vbTextCompare)
strTemp = ReplaceStr(strTemp, "ä", "ae", vbTextCompare)
strTemp = ReplaceStr(strTemp, "Ö", "OE", vbTextCompare)
strTemp = ReplaceStr(strTemp, "Ü", "UE", vbTextCompare)
strTemp = ReplaceStr(strTemp, "Ä", "AE", vbTextCompare)
strTemp = ReplaceStr(strTemp, "ß", "ss", vbTextCompare)

strPfad = strPfad & "\" & strTemp
If Not fs.folderexists(strPfad) Then MkDir strPfad


End If

strAppName = strAppName & " " & strPfad
Call Shell(strAppName, 1)
```

*Code beim klicken von Ordner öffnen*

## 4.3. Erstellen einer Email

Um den Kontaktmanager als komfortable Adressverwaltung nutzen zu können, wurde die Möglichkeit geschaffen, einfach mit Angabe eines Betreffs eine Email zu verfassen. Damit dies funktioniert wird beim Betätigen der Mail Taste geprüft, ob eine Emailadresse und ein Betreff eingegeben sind, ist dies nicht der Fall, so wird der Cursor automatisch in das noch fehlende Feld gesetzt. Der Standart Body der Email ist, wie bei Emails oft gebräuchlich: Hallo und dann der Vorname der anzuschreibenden Person.

```
Dim myMail      As Outlook.MailItem
Dim myOutlApp   As Outlook.Application
Dim strMail As String
Dim strSubject As String
Dim strBody As String
If Me.EMAIL = "" Then
MsgBox ("Sie haben keine Email Adresse eingetragen")
Me.EMAIL.SetFocus
End If
If Me.emailbetreff = "" Then
MsgBox ("Bitte geben Sie den Betreff ein")
Me.emailbetreff.SetFocus
```

```
End If
Set myOutlApp = New Outlook.Application
Set myMail = myOutlApp.CreateItem(olMailItem)
strMail = Nz(Me.EMAIL)  ' <--das ist das Textfeld, indem die E-Mail Adresse angegeben ist
strSubject = Nz(Me.emailbetreff)  '<--hier den Betreff der neuen Nachricht einfügen
strBody = "Hallo " & Nz(Me.FVorname) & "," ' ... <--hier kann man den Body der Nachricht ausfüllen
With myMail
    .To = strMail
    .Subject = strSubject
    .Body = strBody
    .Display
End With
Set myMail = Nothing
Set myOutlApp = Nothing
```

*Code für Email senden*

## 4.4. Aufrufen der automatischen Wählhilfe

Um den Kunden zu ermöglichen gleich vom PC aus die Telefonnummern zu wählen, wurde die automatische Wählhilfe eingebunden. Sie wählt die Nummer welche sich in dem Textfeld befindet in welchem auch der Cursor gerade ist.

```
Dim stDialStr As String
Dim PrevCtl As Control
Set PrevCtl = Screen.PreviousControl
'Überprüfen der Art des Textfeldes und speichern der Nummer in der Variablen stDialStr
If TypeOf PrevCtl Is TextBox Then
    stDialStr = IIf(VarType(PrevCtl) > V_NULL, PrevCtl, "")
Elseif TypeOf PrevCtl Is ListBox Then
    stDialStr = IIf(VarType(PrevCtl) > V_NULL, PrevCtl, "")
Elseif TypeOf PrevCtl Is ComboBox Then
    stDialStr = IIf(VarType(PrevCtl) > V_NULL, PrevCtl, "")
Else
    stDialStr = ""
End If

If Me.TELEFON <> Null Then stDialStr = Me.TELEFON

Application.Run "utility.wlib_AutoDial", stDialStr
```

*Code für Wählhilfe*

## 4.5. Aufrufen des Wordformulars

Um das Erstellen von gleichen oder ähnlichen Briefen zu erleichtern, wurde die Wordfunktion zu dem Programm hinzugefügt. Diese ermöglicht es ein vorher erstelltes Worddokument (mit Textmarken) zu befüllen. Dabei wird bei dem Beginn der Prozedur genau wie bei dem Erstellen eines Ordners erst überprüft, ob der dazugehörige Dateiordner schon vorhanden ist, wenn ja wird das Worddokument mit Angabe des Datums versehen in den Ordner abgespeichert. Bei dem Standard Dokument wird lediglich der Empfänger eingetragen. Dies kann aber je nach Kundenwunsch individuell angepasst werden.

```
Dim objWord As Word.Application
   Dim Strdoc As String
   Dim strAppName As String
   Dim strPfad As String
   Dim strTemp As String
   Dim strMuster As String


Set fs = CreateObject("Scripting.FileSystemObject")
.... gleicher Code wie bei 4.2. ....
      Strdoc = "Brief vom " & Date & ".doc"
      Strdoc = strPfad & "\" & Strdoc
End If
strMuster = "test.doc"
FileCopy "c:\alphadat\Kontaktmanager\" & strMuster, Strdoc


Set objWord = CreateObject("Word.Application")
With objWord
   .Visible = True
   .Documents.Open (strPfad & "\Brief vom " & Date & ".doc") 'das zu öffnende Worddokument
   'gehe zur Textmarke "Anrede"
   .ActiveDocument.Bookmarks("Anrede").Select
   'schreibe in das Feld, was im Formular im Feld Anrede steht
   ' .Selection.Text = Me.ANREDE
   .ActiveDocument.Bookmarks("Name").Select
   .Selection.Text = Me.FName
   .ActiveDocument.Bookmarks("Vorname").Select
   .Selection.Text = Nz(Me.FVorname)
   ' usw...
End With
Set objWord = Nothing
```
*Code für Aufrufen des Worddokumentes*

## 4.6. Der Code im Suchformular

Um nun die Suche in der Tabelle durchführen zu können, wird bei dem Klick auf Suchen ein Filter gesetzt. Dieser ist durch eine vorgefertigte Funktion schon definiert und muss nur noch mit dem Befehl *Me.Filter = Filterbedingung()*

*Me.FilterOn = True*

aktiviert werden. Die Funktion und deren Anwendung kann man unter [2] finden.

Die zugehörigen „ungebundenen" Suchfelder sind folgender Maßen definiert:

*SQLString Me.suchfeld, "VORNAME", myCriteria, ArgCount, 2, False*

*SQLString Me.suchfeld1, "STRASSE", myCriteria, ArgCount, 2, False*

*Code Beispiel für die Suchfelder*

Der Excel Export ist mit Hilfe von Standardfunktionen in Access möglich hierfür muss lediglich der Aufruf: *DoCmd.OutputTo acOutputReport, "EXCELEXPORT", acFormatXLS, , True* erfolgen, welcher einen vorher erstellten Bericht in eine Exceltabelle abspeichert.

Der Import in die Datenbank gestaltet sich noch einfacher, hier wird die Importfunktion von Access genutzt(*DoCmd.RunCommand acCmdImport*) und die Tabelle kann dann über das sich öffnende Fenster ausgewählt werden. Zu beachten ist hierbei, das Tabellen eingebunden werden können, welche das gleiche Format wie die Exporttabellen haben.

## 5. Erstellen des Setup

Damit das Programm von den Kunden schnell installiert werden kann, wurde mit Hilfe des Visual Studios 2003 .Net per drag and drop ein Setupfile erstellt. Bei der Nutzung des Tools muss lediglich angegeben werden, ob Verknüpfungen in Startleiste und Desktop eingebunden werden sollen und welche Daten in welchen Ordnern gespeichert werden sollen. Zudem sollte darauf geachtet werden das die Setupsprache in Deutsch gewechselt werden muss. Es besteht auch die Möglichkeit eigene Nutzungshinweise einzufügen. Mit dem Erstellen der Setupdatei wird ein *.msi File erzeugt, welches es ermöglicht nach der Installation das Programm über die Systemsteuerung von Windows auch wieder zu deinstallieren.

## 6. Fazit

Durch die Entwicklung des Programms ist mir bewusst geworden, wie mächtig die gesamte VBA Programmierung ist und wie viele Möglichkeiten sie bietet, in relativ kurzer Zeit recht komplexe Programme zu erstellen. Durch diese Praxisarbeit konnte ich meine Kenntnisse in VBA vertiefen und auch die Entstehung von Software besser kennen lernen, da ich von Anfang an mit dem Projekt allein betraut war.

## 7. Abkürzungsverzeichnis

ERP-System: Enterprise Ressource Planning

VBA: Visual Basic for Applications

MDB: Microsoft Data Base

MDE: Microsoft Data Base

## 8. Quellverzeichnis

[1] Tabelle Verknüpfen in VBA http://www.office-loesung.de/ntopic9401.php

[2] Suchformular in 10 Minuten  http://www.office-loesung.de/ftopic13271_0_0_asc.php

Beide Quellverweise vom 20.05.2006